D1672425

Die Deutsche Bibliothek - CIP-Einheitsaufnahme
Redenius, Hans Tönjes:
Die Dinge des Lebens: Weihnachtsgeschichten
aus der christlichen Seefahrt (für weniger zarte Gemüter)
von Hans Tönjes Redenius - Hamburg
Antonia-Verlag, Hamburg
1. Auflage November 1995

Grafische Gestaltung:
Hans-Gerd Hamers, Leverkusen
Klaus Olbricht, Leverkusen
Gesamtherstellung:
Agathos GmbH, Leverkusen

ISBN 3-9804627-1-4

Die Dinge des Lebens

Weihnachtsgeschichten aus der christlichen Seefahrt
von Hans Tönjes Redenius

Inhaltsverzeichnis

Über dieses Buch

Weihnachten auf St. Pauli - Weihnachten auf Island in der Mannschaftspantry - Weihnachten im Karibischen Meer -.
Hans Tönjes Redenius präsentiert dem Leser gleich dreimal eine außergewöhnlich mitreißende Erzählung. Der Autor, der sich schon als Vierzehnjähriger der Seefahrt verschrieb, schreibt einfühlsam und fesselnd - ein wenig „schnodderich", aber mit viel Herz vom schönsten aller Feste, das hier unterschiedlich begangen und erlebt wird.
Der Leser ist gerührt und erstaunt von dem geschehen auf St. Pauli, das an Wunder grenzt. Auf der Karibik fürchtet er mit der Mannschaft der „Schwarzenbek" den angekündigten Hurricane „Anne", wobei ihm der Matrose Hansi besonders am Herzen liegt.
In der Mannschaftspantry der „Jan Keiken" auf Island ist der Teufel los. Schiffsjunge Werner bereitet ein Weihnachtsfast vor, wird aber von einigen angetrunkenen Matrosen daran gehindert. Noch schlimmer als die anschlißende Prügelei ist ein aufkommender Orkan, bei dem beinahe alles schiefgeht.

Drei Weihnachtserzählungen, die den üblichen Rahmen sprengen, halten den Leser in Bann. Sie lassen ihn Ängste durchstehen, entlocken ihm ein Schmunzeln, aber auch Tränen.

Nicht ihre Einmaligkeit ist das Besondere an den Erzählungen, sondern weil sie alles enthalten, was die *DINGE DES LEBENS* bedeuten.
Der Leser wird reich beschenkt.

Meiner Frau Beate und
allen meinen Kindern gewidmet.

Die Dinge des Lebens und ein Stern über St. Pauli

Manchmal ereignen sich merkwürdige und geheimnisvolle Dinge in dieser Welt. Sie entziehen sich menschlicher Vernunft und klarem Verstand. Zuweilen sind sie schrecklich und grausam, bisweilen jedoch auch überraschend und wunderbar.
Es gibt besondere Tage im Jahreslauf, da sind sich die Menschen, trotz ihrer individuellen Verschiedenheit, sehr ähnlich. Sie erwarten dann nichts Unangenehmes oder Schlimmes, sondern eher anrührend Schönes. Ein solcher Tag ist der 24. Dezember, der Tag, der sich in der Heiligen Nacht vollendet. An diesem Tag erwacht in den Menschen eine fast unstillbare Sehnsucht nach Liebe, Güte und Geborgenheit. Es gibt an keinem anderen Tag im Jahr soviele enttäuschte Herzen und so unendlich viele Tränen. Die Menschen scheinen wohl zu spüren, daß Liebe und Wunder zu keiner anderen Zeit so nah beieinander wohnen.
Zumindest ersehnen sie dies am Tag der Heiligen Nacht, auch wenn sie das selbst nicht wahrhaben wollen oder gar meinen, über den Dingen zu stehen. Der vibrierende Sog vorweihnachtlicher Erwartungen steigert sich so sehr auf diesen einen Tag hin, daß es schon der Kraft eines Atlas' bedarf, um davon unberührt zu bleiben.
So ähnlich muß es an jenem Heiligen Abend gewesen sein. In der Mannschaftspantry des bei Blohm und Voß eingedockten deutschen

Stückgutfrachters „Herrmann Langreder“ saß Bootsmann Kurt-Wilhelm Everding vor dem langen auf Hochglanz polierten Teakholztisch und starrte gelangweilt auf eine offene Bierflasche und einen bunten Pappteller, der mit Pralinen, verschiedenen Nüssen und leuchtend gelben Clementinen gefüllt war.
Alle Besatzungsmitglieder hatten einen solchen Teller als weihnachtliche Geste der Reederei erhalten.
Kurt wurde meistens Kuddel gerufen. Anfangs hatte er sich dagegen noch gesträubt:
„Ich heiße Kurt, Kurt-Wilhelm oder einfach nur Wilhelm, wie ihr wollt, aber nicht Kuddel. Ich bin doch kein Hamburger“, pflegte er sich zu wehren.
Kuddel war tatsächlich kein Hamburger. Er war in Minden an der Weser geboren. Der über den Fluß wabernde Geruch des großen Meeres und der fernen weiten Welt hatte ihn schon in Kindertagen die Nase gekitzelt. Das allerdings war für ihn kein Grund, sich Kuddel rufen zu lassen. Weder wollte er etwas mit dem undefinierbaren Kuddelmuddel zu tun haben noch sich mit dem berühmten Kuddeldaddeldu anfreunden. Aber es half nichts. Seit er im Alter von sechzehn Jahren der Schulbank den Rücken gekehrt hatte und Seemann geworden war, nannte man ihn einfach immer nur Kuddel.
Inzwischen - vierundzwanzig Jahre alt geworden - hatte er sich daran gewöhnt.

„Kuddel, du fährst doch nicht nach Haus, übernimmst du meine Wache? Punkt zehn Uhr bin ich zurück. Kannst di op verloten.“
„Klar doch! Mach ich, zieh man los, Heini!“
Ein wenig seltsam wurde ihm hinterher schon zumute. Er begann sich einzugestehen, daß er den anderen etwas vorgeflunkert hatte. Was hatte er Heini und den Wachleuten zuvor lauthals erklärt? Ihm lege nichts an Weihnachten. Das sei doch bloß Gefühlsduselei auf Befehl. Und dieses schlagabtauschende Schenken nach dem Motto, ‘wie du mir, so ich dir’, hänge ihm sowieso zum Halse heraus.
Er würde natürlich auch nicht unter Heimweh leiden. Am liebsten sei er an Tagen wie dem Heiligen Abend mit sich allein. Sie täten ihm wirklich einen großen Gefallen, wenn er die Wache übernehmen könnte.
Unmotiviert schlug er mit der Faust auf den Tisch, so daß er selbst erschrak.
„Schietkrom!“
Er rief dieses Wort in die leere Pantry hinein wie immer, wenn er mit sich nicht zufrieden war. In diesem Moment wurde ihm bewußt, daß er in der Tat nicht nur die anderen, sondern auch sich selbst belogen hatte. Sicher, er hatte seine Kollegen ermuntert, an Land zu gehen, um mit ihren Familien, Freunden oder sonstwen Weihnachten zu feiern.

Zu gerne wäre aber auch er jetzt zu Hause gewesen, sogar mit seinen Eltern in die Kirche gegangen. Aber sein Elternhaus gab es nicht mehr. Schon vor drei Jahren waren seine Mutter und sein Vater Opfer eines Eisenbahnunglücks geworden. Seit damals hatte er mit Gott und der Welt gehadert, sich zum Atheisten erklärt und sich über die Dinge des Lebens gestellt.
„Aber war das nicht Selbstbetrug gewesen?“

„Hätte ich doch nur einen Menschen, der mich an sein Herz nimmt, dem ich vertrauen und den ich lieben kann, nur einen einzigen! Aber ich habe ja nicht einmal Gott!“ Solche und ähnliche Gedanken gingen ihm durch den Kopf, während er sich verdrossen erhob, nach draußen schlich und sich gegen die Reling drückte.

Die Luft war dunstig und feucht. Das Thermometer zeigte kaum über Null. Kuddel versuchte, die Dunkelheit mit den Augen zu durchdringen, aber er konnte nur wenig erkennen: in der Nähe die gespenstischen Dockanlagen, ganz tief unten irgendwo das ölige Wasser der Elbe, in der Ferne ein paar verlorene Lichtpunkte der großen Stadt und über allem hier und da gelblich schimmernde Sterne im nächtlichen Smog. Eine unwirkliche und unheimliche Stille umgab ihn. Die einzigen Geräusche, die sein Ohr erreichten,

waren das heisere Gurgeln des Wassers und ein merkwürdiges Knirschen, das irgendwo aus den künstlichen Tunneln des Docks bis zu ihm hinaufdrang.
Er wurde sich bewußt, daß es auch hier draußen nichts Tröstliches gab. „Da, da hinter den Lichtern irgendwo feiern die Menschen jetzt Weihnachten. Ganz ohne mich."
Am liebsten hätte er geheult, doch er schämte sich. Verlegen nahm er eine Zigarette aus der Packung und versuchte mehrfach, ein Zündholz anzureißen, was aber nicht gelingen wollte. Ärgerlich warf er das Zündholz über die Reling. Dabei blickte er unwillkürlich nach oben und bemerkte unter den wenigen Sternen einen, der seltsam farbig schimmerte und heller als die anderen leuchtete.
Kuddel kniff die Augen zusammen, um Genaueres zu entdecken. Dieser bunte Stern erweckte den Anschein, als könnten sich seine Strahlen viel besser gegen den nächtlichen Dunst behaupten als alle sonstigen sichtbaren Lichtquellen.

Hinter sich hörte Kuddel plötzlich eine Tür klappen und Schritte schlurfen. Als er sich umdrehte, sah er Heini auf sich zu wanken. „Mensch, Kuddel, bün ick blau. Is' leider'n büschen spät geworden. Kanns' jetzt aber auch noch Weihnachten feiern, wenn du willst. Die bei'n Zoll rufen dir sogar'n Taxi."

„Laß mich in Ruhe, du Saukerl. Komm morgen wieder, wenn du nüchtern bist."
Mit beiden Händen stieß Susi den torkelnden Mann, der immer wieder versuchte, sie zu umarmen, von sich weg und lief, so schnell es ihr die hohen Stöckelschuhe erlaubten, den Venusberg hinunter, bis Sie über die Dietmar-Koel-Straße das Johannisbollwerk vor den Landungsbrücken erreicht hatte.

Außer Atem geraten, zog sie sich eine der Treppen hoch, die auf die breite Promenade führen, die die Überseebrücke mit den Landungsbrücken verbindet. Sie fühlte sich heute überhaupt nicht gut. Speiübel war ihr! Nichts war heute gelungen. Mit ihren wenigen Freiern, die Interesse signalisiert hatten, hatte es nur Streit gegeben, und das Gespräch mit ihrem Zuhälter und Freund Freddy hatte nicht stattfinden können, weil er angeblich den ganzen Tag über wichtige Geschäftstermine hatte wahrnehmen müssen. Dabei hatte er ihr in den letzten Tagen für diesen 24. Dezember, an dem sie auch ihren 19. Geburtstag feiern wollten, viel versprochen.
„Wir fahren zusammen irgendwohin, vielleicht nach St. Peter Ording oder nach Travemünde, wenn du lieber an die Ostsee möchtest. Richtigen Urlaub werden wir machen, bis nach Weihnachten, ...Susi, - wirklich!"

Daß Freddy das ernst gemeint haben könnte, hatte Susi ihm ohnehin nicht geglaubt. Schon zu oft hatte er ihr das Blaue vom Himmel herunter versprochen, ohne davon auch nur etwas wahrzumachen. Aber heute - das war einfach der Gipfel der Lieblosigkeit! Zwei Stunden hatte er sie bei dem Sauwetter vor dem Fischereihafen-restaurant warten lassen und war nicht erschienen. Achtzig Pfennige genau waren ihr noch geblieben, nachdem Freddy ihr die ganze Einnahme vom Vortag abgenommen hatte. Und diese paar verbliebenen Groschen waren vom öffentlichen Telefon geschluckt worden, ohne daß sie irgend etwas hatte erreichen können.

Trotz der Kälte fuhr ihr Zornesröte ins Gesicht. Ihr suchender Blick entdeckte eine Bank, die in ein spärliches weißes Neonlicht getaucht war.

Obwohl noch dicke Regentropfen auf der Sitzfläche glänzten, ließ sie sich nieder und steckte sich eine Zigarette in den Mund, ohne sie anzuzünden. Fahrig versuchte sie, eine nasse Haarsträhne aus den Augen zu entfernen, um das fließende Elbwasser besser beobachten zu können. Aber irgendwie erschien ihr der Wasserspiegel heute merkwürdig trübe, und von dem gegenüberliegenden Ufer war schon gar nichts zu erkennen. Ihr kam das unheimlich vor,

denn auch die üblichen Großstadtgeräusche waren verstummt.
Nur das Quietschen der ein- und ausfahrenden Züge im S- und U-Bahnhof „LANDUNGSBRÜCKEN“ machte deutlich, daß außer ihr noch andere Menschen in der Nähe unterwegs waren.

Schließlich wurde die lähmende Stille unterbrochen, zugleich aber auch in ihrer Lastigkeit verstärkt, als plötzlich die Glocken des nahen Michel zu läuten begannen. Susi zuckte regelrecht zusammen, und ihre Kiefer begannen zu klappern. Es war das Mitternachtsläuten zur Weihnacht! Wuchtig hämmerten die Glocken der St. Michaeliskirche ihr dies ins Bewußtsein, und im Bruchteil einer Sekunde bemächtigten sich Weihnachtserinnerungen ihrer, so daß unvermittelt ein Strom von Tränen über ihre frierenden Wangen floß.
Bild auf Bild aus Kindertagen drängten sich ihrer Seele auf. Auch die traurig fragenden Augen ihres Vaters, als sie ihren Eltern am Heiligen Abend - genau vor zwei Jahren - eröffnet hatte, daß sie das elterliche Haus verlassen würde. Ihre Mutter hatte widerlich gezetert und geschimpft:
„Alois, hol die Polizei! Das Kind muß gehorchen. Sie ist erst siebzehn...“
Ihr Papa hatte dagegen sofort erkannt, daß sie nicht mehr aufzuhalten war.

„Beruhige dich doch! Sie wird schon wiederkommen“, versuchte er ihre Mutter zu beschwichtigen und drückte Susi dabei - unbemerkt von der Mutter - ein Bündel Geldscheine in die Hand.

Vor dem Haus hatte währenddessen Freddy in seinem Chevi auf sie gewartet. Beim letzten Pauschalurlaub mit ihren Eltern hatte sie ihn kennen- und liebengelernt. Allerdings unbemerkt von ihren Eltern. Freddy war der erste Mann in ihrem Leben gewesen. Zwar hatte sie vorher auch schon Freunde gehabt, aber nicht wie Freddy. Er war ihr geradezu himmlisch erschienen. Alles hätte sie ihm zum Gefallen getan und niemand - auch nicht ihre Eltern - hätte sie daran hindern können.
Sie glaubte ungebrochen an Freddy! Selbst als er sie schon nach kurzer Zeit in Hamburg auf den Strich geschickt hatte. Sogar die Fausthiebe, die sie einstecken mußte, wenn sie ihm widersprach, änderten nichts daran.
Jetzt allerdings war das Faß übergelaufen. Erst das verpatzte Mittagessen im Fischrestaurant und dann am Abend der Versuch, mit ihm in seiner Wohnung ein klärendes Gespräch zu führen: was hatte er ihr doch vorhin in Gegenwart zweier ihr unbekannter Mädchen so unsagbar zynisch und verletzend ins Gesicht geschleudert? „Susanne Iris Niederhammer, leg mir dreitausend Mark auf den Tisch, dann

bist du frei und kannst dich bei deinen Alten in Freising ausheulen. Aber nun verschwinde endlich! Wenn du die Möpse zusammenhast, kannst du wiederkommen. Und merk dir eines, wenn du den Versuch machen solltest, mich zu hintergehen, werde ich dich zu finden wissen. Was dann passiert, kannst du dir an fünf Fingern abzählen..."

Ihr wurde so übel, daß sie sich übergeben mußte. Schnellen Schrittes lief sie an die Brüstung zur Straße hin, beugte sich über das Geländer und - - - blickte unversehens in eine große, eine Unebenheit im Asphalt ausfüllende Wasserlache, in der sich die Sterne, die am Himmel über dem Hafengelände sichtbar waren, widerspiegelten. Das Bedürfnis, sich zu übergeben, war erloschen. Faszniert betrachtete Susi dieses Sternenbild.

Alles, was sie eben noch bewegt und erschüttert hatte, war spätestens vergessen, als sie bemerkte, daß ein Stern besonders groß und farbenreich war. Das kam ihr wie ein Wunder vor, und plötzlich spürte sie die Glocken des Michel in ihrem Herzen widerhallen. Sie richtete sich auf und hob den Kopf, um diesen Stern am Nachthimmel genauer zu betrachten. Trotz des Dunstes blieben ihre Augen unverwandt auf den Stern gerichtet. „Merkwürdig", dachte sie, „er wandert", und folgte ihm unwillkürlich in die Dunkelheit nach.

Das Barmädchen Inge, ihr wirklicher Name lautete Inga, war das einzige Wesen in der düsteren Eckkneipe. Aus den Lautsprechern, die in fast jeder Raumecke unter der Decke hingen, erklangen zarte Weihnachtslieder. Ganz unüblich in diesem Milieu!
Inge, in deren Mundwinkel eine Zigarette seltsam auf- und abwippte, summte sogar mit, während sie die Tische abräumte und Aschenbecher über einen roten Plastikeimer leerte. Dann blickte sie noch einmal in den leeren Gastraum, nickte zufrieden und sagte, obwohl niemand anwesend war, der sie hätte hören können:
„OK, jetzt laßt mich nach Möglichkeit in Ruhe."

Unschlüssig warf sie einen Blick auf ihre Armbanduhr und verglich die Zeit mit den Zeigern einer verstaubten Kuckucksuhr, die hinter der Theke an der Wand hing.
„Nichts zu machen. Oh je, noch fast zwei Stunden“, zischte sie zwischen den Zähnen hervor. Dann zog sie den schweren braunen Vorhang zurück, der zwischen Ausgangstür und Kneipenraum einen kleinen Windfang bildete und öffnete beide Türflügel. Obwohl die in den Gastraum einströmende feuchtkalte Nachtluft ihr fast den Atem nahm, stieg sie die wenigen Zementstufen zur Straße hinunter, um zu sehen, ob draußen noch etwas los war.
Die Bernhard-Nocht-Straße schien in beiden Richtungen wie ausgestorben zu sein, nur in der Davidstraße konnte sie ein paar - offenbar einsame - Gestalten erkennen, die den Eindruck erweckten, als wüßten sie nichts mit sich anzufangen.
„Auch nur arme Schweine“, ging es ihr durch den Sinn.

Inge, der man im Straßenlicht ansah, daß sie schon bessere Tage gesehen haben mußte, wandte sich um und versuchte, zur Elbe hin irgend etwas zu entdecken. Aber dort gab es nichts Ungewöhnliches zu erkennen. Sie hätte auch nicht sagen können, was sie eigentlich suchte. Trotzdem richtete sie sich gerade auf und sog die kalte Luft tief in sich hinein, so als ob sie die dunstigen Schleier, die den Fluß

unter sich verborgen hielten, mit der Kraft ihres Atems wegziehen könnte.
Schon wollte sie sich wieder umwenden, weil sie nichts sehen konnte, was einen verweilenden Blick gelohnt hätte. Da gab die unheimlich wallende Nebeldecke für Sekunden die Wasseroberfläche frei und sie wurde Zeugin, wie sich der heute karge Hamburger Sternenhimmel darauf widerspiegelte. Daß ein Stern merkwürdig farbig leuchtete, fiel ihr sofort auf. Sie reckte neugierig ihren Kopf, als könnte sie sich bis in den Himmel strecken.
Da sah sie es wieder, diesen so ungewöhnlich hell leuchtenden Stern, genau senkrecht über sich und dem Eingang der Eckkneipe. Sie schmunzelte und dachte: „Fast wie einst in Bethlehem."

Plötzlich hörte sie Schritte, deren lauter Hall von Stöckelschuhen verursacht wurde. Sie blickte in Richtung Hafenstraße und sah eine junge Frau auf sich zu eilen.
„Ist da noch geöffnet?"
Während sie Inge ansprach, deutete die Fremde mit dem Kopf auf die Stufen, die zur Kneipe hinaufführten.
„Ja, bitte, folgen Sie mir doch! Aber Sie sind leider mein einziger Gast. Haben sich alle unter'm Weihnachtsbaum versteckt, heute abend."

Während Inge mit nur drei Schritten oben angelangt war und schnell hinter ihrer Theke stand, nahm sich die junge Frau viel Zeit, um die Stufen hinaufzusteigen. Am Eingang blieb sie sekundenlang stehen und sog zunächst einmal die ihr so vertraute - immer noch vorhandene - rauchschwangere Luft des niedrigen Gastraums durch die Nase, als sei dies ein Genuß. Dann schwang sie sich auf einen der ramponiert ausschauenden Barhocker und sagte:
„Na, dann geben Sie der dummen Susi man erst mal einen doppelten Köm und hinterher zum Abgewöhnen 'nen heißen Grog."

Ohne dabei hinzusehen, griff Inge die Kömflasche und ein Glas aus einer Kühlschublade unter der Theke. Beim Einschenken musterte sie Susis Gesicht. „Wenn die man schon achtzehn ist", fuhr es ihr durch den Sinn, und sie spürte im selben Moment tiefes Mitleid mit dem Mädchen. Das übervolle Schnapsglas schob sie kopfschüttelnd über die kupferbeschlagene Theke und sagte:
„Der heiße Grog wird dir sicher gut tun, aber diesen Köm vorweg ...Mädchen, ach, du heißt ja Susi, also Susi, das kann auch schiefgeh'n. Hast wohl Ärger gehabt, was? Na denn, ich trink einen mit. Kannst dich ruhig ausquatschen. Hört keiner mit!"

Susi stiegen wieder Tränen in die Augen. Erst schüttelte sie verneinend, doch unmittelbar danach bejahend den Kopf. Als Inge ihr

auch noch liebevoll den Arm streichelte, war es endgültig um ihre Fassung geschehen. Sie konnte nicht mehr an sich halten und sprudelte vertrauensvoll die ganze Geschichte ihrer letzten beiden Lebensjahre heraus. Nur einmal unterbrach Inge den Redeschwall, schob Susi noch einen heißen Grog 'rüber und sagte:
„Der geht auf Kosten des Hauses. Ach, du tust mir wirklich leid. Ich kenne noch so'n paar junge Dinger wie dich, die Freddy Miesling auf'm Gewissen hat. Der kam hier früher auch vorbei. Darf sich auf'n Kiez aber nicht mehr blicken lassen. Der is'n ganz mies'n Kerl. Wie sein Name schon sagt."

Während die eine sich ihre Seele freiredete und die andere mütterlich aufmerksam zuhörte, war - unbemerkt von beiden - Kuddel in die Kneipe geraten. Er hatte sofort begriffen, daß er die Vertraulichkeit der Unterhaltung nicht stören durfte und abwarten mußte. Deshalb setzte er sich, ohne das sonst übliche Hallo-Getöse, ein Stück weiter weg auf einen der hohen Schemel und rührte sich nicht. Aber er hörte so interessiert zu, daß ihm kein einziges Wort entging. Dabei betrachtete er das Antlitz des Mädchens, das immer wieder seine Tränen, die nicht versiegen wollten, abwischen mußte. Obwohl die Feuchtigkeit das Make-up längst zerstört hatte und ihr Anblick dem eines Clowns glich, der mit dem Abschminken noch

nicht fertig war, faszinierte ihn dieses Gesicht. Er glaubte, nie ein schöneres Antlitz gesehen zu haben.
Schon nach wenigen Minuten spürte er eine wohltuende Erregung in seiner Brust. Am liebsten wäre er aufgesprungen, um das weinende Mädchen mit den langen kastanienbraunen Haaren und den großen schwarzen Mandelaugen in seine Arme zu nehmen und zu küssen. Aber er getraute sich nicht und beschränkte sich weiter auf's Zuhören.
Dabei stieg hin und wieder Zornesröte in sein markantes, wettergegerbtes Gesicht. Aber als Susi vom Rausschmiß durch ihren Zuhälter Freddy, von seinem Freikaufangebot und von dem seltsamen Stern, den sie zunächst im Wasser einer Pfütze entdeckt hatte, erzählte, hielt es ihn nicht mehr auf seinem Hocker. Er glitt hinunter, rief Inge zu:
„Mir auch einen heißen Grog", riß die Tür nach draußen auf und stürmte die Stufen zur Straße hinunter.

Aufgeregt suchte er den Himmel ab. - - - Tatsächlich, da war er immer noch, der Stern, den auch er zuerst im Wasser schimmernd gesehen hatte, und dem er gefolgt war, wie einst die Könige aus dem Morgenland dem Stern von Bethlehem.

Nachdenklich, aber in seinem Innern noch immmer aufgewühlt, kehrte er in die Kneipe zurück.
Die Frauen sahen ihn kopfschüttelnd an und Susi rückte nur ein ganz wenig ab, als Kuddel sich auf den Hocker neben sie schwang.
Inge holte das Tablett mit dem Grog von dem Platz, wo Kuddel zuerst gesessen hatte und schob es ihm wortlos zu.
„Ich bin demselben Stern gefolgt und habe ihn ebenso wie du zuerst im Wasser entdeckt. Das muß der Weihnachtsstern sein! - - - Ich heiße übrigens Kurt, wenn du willst, auch Kuddel."
Seine Stimme klang heiser.
Susi sah ihn verdutzt, ja, wie versteinert an. Aber in ihrem Bauch spürte sie ein seltsam angenehmes Kribbeln.
Umständlich zog Kuddel jetzt seine Brieftasche hervor, öffnete sie und nestelte einen blauen Scheck heraus.
„Gib mir bitte einen Stift", forderte er Inge auf. Und dann schrieb er mit schwerer Hand in viel zu großen Buchstaben das Wort und in großen Zahlen „DREITAUSEND" darauf.
„Bitte, nimm, Susi! Du bist frei! Ich will dir nicht zu nahe treten, aber du mußt nicht zurück zu diesem Freddy.
Ich, ich - würde dir gern weiterhelfen", stotterte er unbeholfen.

Sowohl Susi als auch Inge starrten ihn ungläubig an.
„Kurt, äh Kuddel, - äh Kurt, ach Mensch, ich weiß nicht, - - - aber das kann ich doch nicht annehmen. Ist dir eigentlich klar, was ich hier auf'n Kiez beruflich mache?"
Susi begann wieder zu schluchzen, rutschte von ihrem Hocker herunter, baute sich vor Kuddel auf, umarmte ihn und stammelte:
„Kuddel, du bist'n starker Typ. Dich muß der liebe Gott geschickt haben, aber ich glaub' das einfach noch nicht!"
Da mischte sich Inge ein und schnodderte burschikos dazwischen:
„Mußt du auch nicht glauben, Susi. Nur annehmen mußt du das! Ist doch Heilige Nacht heute. Ich hab' noch nie 'n Wunder erlebt. Nimm's mir nich' wieder weg, mien lütte Deern."

Kuddel hielt Susi ganz fest an sich gedrückt, als wolle er sie nie wieder loslassen. Er spürte die warme Haut ihrer Wangen und den pochenden Schlag ihres Herzens.
Seine Augen glitten durch den schmuddeligen Raum und blieben an einem Fenster oberhalb der Augenhöhe haften, durch das der geheimnisvolle Schein eines ungewöhnlich farbigen Sternes in den Kneipenraum hineinstrahlte.

Die Dinge des Lebens und der Hurricane »Anne«

Die Wasseroberfläche war glatt wie ein Spiegel, und Hansi hatte Schwierigkeiten, sich vorzustellen, wie das überhaupt möglich war. Das Karibische Meer war doch unfaßbar groß und daran grenzte nach Osten hin auch noch der Atlantische Ozean an. Und dann die unbegreifliche Tiefe unter seinen Füßen. Über viertausend Meter, immer senkrecht nach unten! Wasser, Wasser und nochmal Wasser! Und nichts bewegte sich, nur vom blaugleißenden Himmel brannte die Sonne seit Tagen unbarmherzig herab. Wie unbarmherzig sie sein konnte, hatte Hansi gestern schmerzhaft erfahren müssen. Er hatte stundenlang im Mast gehangen und senffarbenen Lack auf das heiße Eisen gestrichen. Dabei hatten die Sonnenstrahlen seine entblößten Beine und seinen nackten Rücken unbemerkt geröstet, aber in der Nacht hatte die Haut zu schmerzen begonnen, die Waden waren geschwollen und seine Füße hatten sich in Klumpen verwandelt wie bei einem Elefanten. Ihm war es so schlecht gegangen, daß der Zweite Offizier ihn medizinisch behandeln mußte und ihm für heute jede Arbeit untersagt hatte. Die Sonne hatte inzwischen ihren Zenit überschritten, und Hansi ging es merklich besser. Deshalb hatte er sich auf die Back begeben und schaute nun über die Weite des unbeweglichen Wasserspiegels bis an den sich kaum merklich krümmenden Horizont. Er staunte über die scheinbare Unendlichkeit des Meeres, über den Horizont, der nie

erreicht werden konnte, über die Höhe des Himmels und die grünschimmernde Tiefe des Wassers. Er staunte aber auch über das Leben, das sich im Bauch des Meeres entfalten konnte und seine quirlige Lebendigkeit hin und wieder am und über den Wasserspiegel demonstrierte: dicke Schweinsfische sprangen mehrere Meter hoch aus dem Wasser und schienen Schabernack mit ihresgleichen vor dem schäumenden Bug der „SCHWARZENBEK“ zu treiben, oder ein Schwarm fliegender Fische schwirrte nervös über dem heranrollenden Schwell, wenn er von beutegierigen Wellenreitern verfolgt wurde. Hansi staunte über die Weite und die Nähe des Lebens, über die Ordnung darin und über die geballte Dynamik, die den Dingen des Lebens innewohnt. Ja, er spürte die Kräfte des Lebens sogar auf seinem von der Sonne geschundenen Leib, als er - warum, wußte er sich selbst nicht zu erklären - über das Gewicht der Luftsäule, die auf ihn lasten mußte, ihn aber nicht erdrückte, nachdachte. „Wie werden diese Gewalten und die Atome nur zusammengehalten? Woher erhalten sie die Anweisungen, stillezuhalten, dem Leben Raum zu geben oder zerstörerisch über dasselbe hereinzubrechen? Ob es wohl einen wirklichen Gott gibt, der den Dingen des Lebens und ihren Gewalten gebietet?“ Ihm schien heute alles so merkwürdig, daß er südlich des Äquators auf der Back dieses Schiffes saß, träumte und nachdachte, und daß

morgen Weihnachten sein würde und die Sonne dennoch heiß sengend vom Himmel herabstrahlte. Statt dessen gehörten zum Weihnachtsabend doch eigentlich klirrende Kälte und weicher, unter den Füßen sanft knirschender Schnee. Hansi Langhorst dachte daran, daß er sich zum Weihnachtsfest früher immer etwas wünschen durfte. Das letzte Mal hatte er sich ein Fahrrad gewünscht und auch bekommen. Er lächelte in sich versunken. Stand es doch nun schon seit Jahren unbenutzt und herrenlos im Gartenhaus seiner Eltern. Trotzdem, die Weihnachtsfeiern im Haus von Vater und Mutter waren ihm als wahre Märchen in Erinnerung geblieben. Dazu gehörten der gemeinsame Weg unter sternenübersätem Himmel in die nahegelegene, gelblich angestrahlte St. Katharinenkirche in dem Dreihundert-Seelen-Dorf Bergkirchen, oberhalb des Steinhuder Meeres, dazu gehörten das Singen rund um die Krippe mit dem blonden Jesuskind und - unvergeßlich - die glühendheiße Pfanne mit der schmackhaften Rinderwurst und den Pellkartoffeln. Der Höhepunkt freilich war die Bescherung. Wie im Märchen wurde ein Wunder wahr. Vater kramte umständlich den Wunschzettel Hansis aus seiner abgegriffenen Brieftasche und las den großen Wunsch noch einmal vor. Danach zündete er die wenigen gelben Wachskerzen, die Mutter selbst gezogen hatte, an. Mit den rotbackigen Äpfeln bildeten sie den alleinigen Schmuck am Tannenbaum.

Dann öffnete sich geheimnisvoll die Tür, und Oma, die nach dem Rinderwurstessen plötzlich verschwunden war, trat mit einem kunstvoll verschnürten Paket ein, das Hansi auspacken durfte. Noch jetzt - bei diesen Erinnerungen - spürte er die ungeheure Spannung jenes Augenblicks der Heiligen Nacht, in dem immer ein Wunder geschah und ein Märchen wahr wurde. „Schade", dachte er, „daß es keine Wunder und keine wirklichen Märchen mehr gibt, wenn man erwachsen geworden ist." Wieder lächelte er versonnen. Ein fliegender Fisch klatschte auf die Back und landete direkt vor seinen Füßen. Gewöhnlich wurde so ein Tier sofort ausgenommen, getrocknet und mit Tabak sowie durchsichtigem Schiffslack präpariert.
Die Matrosen hingen des Nachts auch schon mal einen Scheinwerfer über die Bordwand, um die dann ins Licht springenden heringsgroßen Fische zu fangen und so für die Freundin in der Heimat ein exotisches Mitbringsel bereit zu haben. Doch Hansi packte das sich hektisch hin- und herbewegende Tierchen vorsichtig an den wie zu Flügeln ausgebildeten stacheligen Seitenfiossen und warf es wieder über Bord. „Vielleicht", überlegte er weiter, „gibt es ja doch Märchen für Erwachsene, in denen zu Weihnachten wahre Wunder geschehen." Wie in Trance erhob er sich, schlenderte an der Reling zurück und begab sich mitschiffs hinunter in das Mannschaftslogis. Aus seinem Spind zog er unter einfach hingeworfener ungebügelter

Kleidung einen Schreibblock samt Stift hervor. An dem Tisch sitzend, der aus der schrägen Schiffswand herausgewachsen zu sein schien, schrieb er mit leichter Hand in großen Buchstaben:
MEIN WEIHNACHTSWUNSCH. Aber dann fiel ihm nichts ein, was seinen Wunsch konkretisiert hätte. Zettel und Stift versteckte er deshalb in der aufgenähten Tasche seines verblichenen Khakihemdes und machte sich wieder auf den Weg zum Bug des Schiffes. An der Reling traf er seinen Freund, den Matrosen Klaus Nievert, den aber alle - wegen seiner riesigen Statur - nur Vierecke nannten. Er wollte nah an der Bordwand vorbeischwimmende Schildkröten fangen. Der Käpten hatte für den Fall des Erfolgs sogar einen Preis ausgesetzt. Doch es war bis jetzt noch niemanden von ihnen gelungen, eines dieser gewaltigen Urtiere ins Netz zu bekommen. Wann immer man glaubte, es müsse eines gefangen sein, war es doch im letzten Moment sekundenschnell abgetaucht. Auch Hansi hatte es schon mehrfach vergeblich versucht und beobachtete deshalb den Freund äußerst mitleidig. „Hast du schon einmal Schildkrötensuppe gegessen, Hansi?“
„Nein, noch nie, Vierecke. Der Smutje behauptet zwar, sie schmeckte köstlich, aber ich kann mir das nur schwer vorstellen. Ich muß diese Ursuppe nicht um jeden Preis gekostet haben. Auch wenn der Käpten scherzhaft behauptet, daß auf diesem Breitengrad immer eine

Schildkröte verspeist werden muß, um die Seeungeheuer in der Tiefe mit einem solchen Opfer zu besänftigen." „Ich hab' mal welche gegessen. Hat prima geschmeckt! - Was macht eigentlich dein Sonnenbrand? Der 'Zweite' meinte, als ich Ruderturn hatte, daß du gestorben wärest, hättest du dich auch nur eine Stunde länger der Sonne ausgesetzt". „Ach was, es war zwar unvorsichtig und unüberlegt, fast nackt solange in der Sonne zu hängen, aber es geht schon. Sogar meine Beine sehen inzwischen wieder einigermaßen menschlich aus. - Naja, dann versuch man dein Glück. Der Alte will 'ne Buddel Rum für die erste Kröte spendieren, nur damit er am Heiligen Abend so 'ne exotische Suppe schlürfen kann." Hansi ließ seinen Freund allein und bewegte sich zurück zu seinem schattigen, einsamen Platz auf der Back. Wieder glitt sein Blick über das Wasser. Immer noch war der Wasserspiegel unbeweglich. Nur die „SCHWARZENBEK" schien - einem Glasschneider gleich - eine schnurgerade Linie in die glatte Oberfläche des Meeres gravieren zu können. Er schloß die Augen ein wenig und begann zu träumen. Da spürte er im Gesicht, wie ein kühler Windhauch mit seinen langen wuscheligen Haaren zu spielen begann. Das war merkwürdig aufregend und sinnlich, so daß er - ohne es zu wollen - wie im Film das Bild seiner großen Liebe vor Augen hatte. Ihm kribbelte, und er fühlte, wie eine seltsam angenehme Erregung durch seinen Körper

strömte. Aber da waren sofort auch Enttäuschung und Traurigkeit, denn Gudrun hatte bis jetzt doch nur mit ihm gespielt. Das war ihm spätestens da schmerzlich bewußt geworden, als er sie mit dem zehn Jahre älteren Bankkaufmann Heinrich Kappmeier engumschlungen beim Steinhuder Fischerfest im Tanzzelt entdeckt hatte. Da war ihm sein Heimaturlaub endgültig verregnet. Selbst seine Mutter konnte ihn nicht trösten. Lieber wollte er zurück auf sein Schiff, das in Bremerhaven in der Werft lag und darauf arbeiten als in Gudruns Nähe wohnen zu müssen, sie zu sehen, aber nicht berühren zu dürfen. In der Ferne, nahe der Horizontlinie, sah Hansi, wie sich das Wasser zu kräuseln begann. Er dachte an nichts Schlimmes. Im Gegenteil, wie in einem wundersamen Märchen formte sich aus den weißen Kämmen über dem Wasser die Gestalt Gudruns. Ihr blondes langes Haar flatterte verspielt im Wind, genau so wie das weiße, fast durchsichtige Kleid, das ihren fraulichen Leib in seiner begehrenswerten Schönheit sichtbar machte. Hansi Langhorst war träumend in ein Märchen geraten, sein Märchen! Gudrun lächelte ihn an. Ihre Hände machten einladende Bewegungen, aber dann war sie ebenso plötzlich, wie sie ihm erschienen war, einem Spuk gleich, wieder entschwunden. Jetzt wußte er, was er sich zur morgigen Weihnacht wünschen würde: daß Gudrun seine Liebe doch irgendwann erwidern würde! Ein kühler, feuchter Hauch zog über seine Wangen.

Wissend, daß Märchen nicht wahr werden, zog er dennoch den Zettel aus der Brusttasche und schrieb: „Lieber Gott, ich wünsche mir, daß Gudrun mich lieben wird.“ Immer wieder überflog er, was er da geschrieben hatte, schüttelte über seinen Wunsch selbst den Kopf, murmelte vor sich hin: „Immer noch ein dummes Kind“ (sein Vater hatte das manchmal gesagt), knüllte das Blatt Papier zusammen und stopfte es zurück in die Hemdtasche. Aus dem Windhauch waren inzwischen böenartige Stöße geworden. Hansi sah, daß sich über der „SCHWARZENBEK“ kleine Wolken zusammenzogen. Um Gudrun wieder aus Kopf und Herz zu verbannen, gesellte er sich zu Vierecke. Aber sie mußten die Fangversuche bald aufgeben. Die See wurde unruhiger, und die Schildkröten hielten sich nicht mehr an der Wasseroberfläche auf.
Im Kartenhaus legte der ‘Zweite’ das Navigationsbesteck beiseite, murmelte den errechneten Standort der „SCHWARZENBEK“ leise vor sich hin und gab die notwendige Kursberichtigung laut und deutlich an den Rudergänger weiter: „276° neuer Kurs!“ „276° neuer Kurs“, schallte es ebenso klar zurück. Dann war zu spüren, wie das Schiff ein wenig nach Steuerbord ausscherte. Es hatte sich eine leichte Dünung gebildet, so daß das Schiff merklich zu schlingern begann. Hinter dem Kartenhaus - in seiner Funkbude - saß der Funker und entschlüsselte eifrig mitschreibend die kurzen und langen

Morsezeichen, die er über seinen Kopfhörer aufnahm. Er wirkte dabei zunehmend nervös. Endlich erhob er sich und brachte die Meldung dem wachhabenden Offizier, der nach Durchsicht des Textes ebenfalls nervös zu werden schien, sich sofort erhob und den Text in den Salon des Käptens übermittelte. Schon eine kurze Zeit später hieß es: „Alle Mann an Deck!“
Die Befehle überstürzten sich. Die Ladung mußte zusätzlich gelascht und alles stehende Gut extra gesichert werden. Inzwischen wußten alle, was los war: Sturmwarnung! Hurricane „Anne“ kam von Nordwesten her mit einer Geschwindigkeit von über einhundertfünfzig Knoten auf die „SCHWARZENBEK“ zugerast. Auch Hansi konnte sich jetzt nicht mehr schonen. Es war ihm selbstverständlich, in dieser Situation wie die anderen anzupacken und zu retten, was zu retten war. Aber mulmig fühlte er sich. „Vierecke, hast du schon einmal einen richtigen Hurricane erlebt?“

Beide waren damit beschäftigt, Persenninge über die Deckswinschen zu ziehen und zu sichern. Der Wind war bereits so heftig geworden, daß er unangenehm durch die leichte Tropenkleidung zog.
„Ja, aber nur den Ausläufer eines Hurricane. Das hat mir allerdings schon gereicht. Damals glaubte ich nicht, daß wir da lebend herauskommen würden.“

„Und heute? Was denkst du heute? Wird es wirklich schlimm werden?"
Hansi spürte, wie er verkrampfte und Angst von ihm Besitz ergriff.
„Wenn wir in die Nähe des Zentrums des Hurricanes geraten, gebe ich uns keine Chance. Aber glaub' man nicht, daß mir nicht bange ist. Und wie! Und ich hab durchaus noch keinen Bock aufs Totsein. Und das auch noch zu Weihnachten. Vielleicht gibt uns der liebe Gott ja eine Chance. Als Kinder haben wir am Heiligen Abend immer singen müssen:
„Vom Himmel hoch, da komm ich her. Ich bring euch gute neue Mär... !" Möglicherweise wird heute das Märchen von den Männern wahr, die einen Hurricane lebend überstanden haben."
„Glaubst du denn an einen Gott, Vierecke?"
„Manchmal ja, Hansi, manchmal nein. Ich weiß nich' so recht ...aber der 'Alte' hat ja noch große Segler gefahren - sogar heil um das Kap Hoorn gebracht - das könnte unsere Hoffnung sein."
Hansi krampfte sich noch mehr zusammen. Nun war er wieder bei der Frage, ob Märchen wahr werden könnten. Nur träumen konnte er jetzt nicht.
Die ersten sichtbaren Zeichen der herannahenden „Anne" waren unverkennbar. Die Dünung wurde kürzer und schlug heftiger gegen Außenbord. Der Wind nahm ständig an Stärke zu, und die

Schaumköpfe auf dem gefährlich grünschimmerndem Wasser wurden größer und spritziger. Die Lords arbeiteten und wühlten an Deck um ihr Leben. Keiner drückte sich. Jeder wußte, worum es ging. Hansi Langhorst rann der salzige Schweiß in Bächen vom Leib und brannte in den Hautwunden vom Vortag wie Feuer. Trotz Schmerzen, Eile und Hast mußte jeder Handgriff sitzen. Das war besonders wichtig für die Jantjes, die in den Toppen arbeiten mußten, denn für sie galt in höchstem Maß die Regel: „Een Hand för di, de annere förd Schipp!“
Gerade das Notwendigste war gelascht und festgezurrt, als die „Anne“ auch schon über den weißen Frachter und seine Besatzung hereinbrach. Im Nu verfinsterte sich der Himmel. Schwarze und graue Wolken fegten entsetzlich zu Fratzen verzerrt und bösen Geistern - anscheinend von überallher - heran. Manche sahen aus wie geballte Fäuste, die Tonnen von Dynamit in sich bargen und nur auf einen Zündfunken warteten. Die aufgewühlte See wandelte ihre Farbe wie ein Chamäleon: war sie eben noch gefährlich phosphorgrün, so färbte sie sich urplötzlich in ein giftiges Kupferrot.
Die vor Augenblicken noch mäßig rollende Dünung reifte in Sekunden zu Brechern, die sich immer höher auftürmten und wie wuchtige Schmiedehämmer auf das Deck niedergingen.

Aus dem unbeweglich gläsernen Wasserspiegel war ein fiebrig kochendes Inferno geworden.
Unfaßlich schnell steigerte sich die Windgeschwindigkeit. An Deck konnte sich niemand mehr bewegen, ohne gesichert zu sein. An die Maschine erging die Order: „Halbe Kraft!" Zwei Matrosen mußten jetzt am Ruder stehen, um das Schiff einigermaßen auf Kurs zu halten. Es scherte, wenn es von einer Flut gerammt wurde, sechs bis sieben Strich nach Backbord oder Steuerbord aus. Die Männer am Ruder mußten Schwerstarbeit leisten. In der Kombüse ging es dem Smutje und seinem Kochmaat nicht anders als den Lords vorher an Deck. Im Vorbeitaumeln sah Hansi, daß auch hier Kochgerät und Lebensmittel vertaut und verzurrt wurden. Der Sturm hatte längst Orkanstärke überschritten. So wie die See jetzt tobte, hatte Hansi es noch nie erlebt. Die „SCHWARZENBEK" war trotz ihrer 3.700 Bruttoregistertonnen nur noch ein Spielball elementarer und dämonischer Kräfte. Mal lag der Frachter dwars zur See und krängte nach Luv und Lee so stark, daß er befürchtete, die Toppen der Masten würden Wasser schöpfen, dann wieder lag der Eisenkoloß für Momente ganz ruhig in einem Wellental, daß Hansi meinte, er und das Schiff müßten in eine tiefe Gletscherspalte gerutscht sein. Er wagte dann kaum aufzublicken, weil er befürchtete, daß in der nächsten Sekunde riesige niederstürzende Massen Wassers alles und jeden

zerstören und umbringen würden. Statt dessen legte sich das Schiff auf die Seite und ließ die Wasserberge unter dem Kiel wegrollen. Nur der sprühende Kamm der Wellenberge klatschte noch auf das Deck, floß aber durch die Speigatten wieder ab, wenn sich das zitternde Schiff wieder aufgerichtet hatte. Dieses Unterwegtauchen der Brecher nutzten die cleveren Rudergänger jedesmal aus, um die Nase der schlingernden „SCHWARZENBEK“ wieder in den Wind zu drehen. Damit sollte der Gefahr des Kenterns begegnet werden.

Der Hurricane mußte seinen Höhepunkt fast erreicht haben. Hansi hatte den Eindruck, als habe die „Anne“ den sonst so trägen Frachter zu einer Primadonna der Meere gemacht. Die geballte Macht der Elemente schien sich auszutoben. Der Rumpf des Schiffes zitterte, bebte und röhrte. Wenn ein Sturzwellenkamm über das Deck rauschte und an die Vorkante der Brücke klatschte, schien jedesmal eine Bombe zu detonieren. Wie ein sterbendes Walroß bäumte und bog sich der Leib des Frachters. Oft tauchte sein Bug so tief ein, daß die Schraube hinten leerschlug. Bis zur Brücke hin war dann von

dem Schiff - außer den schwankenden Masten - nichts mehr zu sehen. Gebannt und zu Tode erschrocken, blickte Hansi, der sich in dem Ruderhaus festgekrallt hatte, nach vorn und glaubte jedesmal, das sei der Untergang. Aber es war wie ein Wunder: immer wieder hob sich nach bangen Sekunden die Back Zentimeter um Zentimeter aus den tosenden Wassern hervor und schüttelte das lästige, hunderte Tonnen schwere, wütend schäumende Naß ab. Tief durchatmend, wartete Hansi auf das nächste Abtauchen. „Wird es noch einmal gutgehen?“ Diesmal reckte sich der Schiffsleib kerzengerade in die Höhe. Hansi befürchtete, es müsse jetzt zum Heck hin abkippen. Doch statt dessen senkte sich der Koloß und platschte wie eine flache Hand auf den verzerrten Wasserspiegel. Gigantische Wassermassen spritzten wie mächtige Fontänen

nach allen Seiten. Die „SCHWARZENBEK“ wehrte sich, wollte sich scheinbar nicht unterkriegen lassen. Sie ging - so schien es Hansi - zum Gegenangriff über. Aber die „Anne“ rächte sich mit noch fürchterlicheren Schlägen. Stehendes Gut riß sie spielerisch mit sich fort. Sogar eine schwere Winsch konnte sie aus der Verankerung reißen und mit Leichtigkeit auf die stöhnenden Luken werfen. Der Klabautermann sorgte für die Entsorgung in der unergründlichen Tiefe der brodelnden See. Aus den mächtigen Wolkenbergen befreiten sich die gezündeten Ladungen in Blitz und Donner. Infernalisch zuckten sonnenhelle Feuerschwerter und bohrten sich zischend in das Meer.

„Das Jüngste Gericht, das Ende der Welt!“ murmelte Hansi vor sich hin. Er versuchte zu beten, wie seine Eltern es ihn glehrt hatten, aber er konnte nicht. Er sah sich mit den sprühenden Wellen ringen. Um ihn her explodierten Kugeln grellen Lichtes. Es krachte und splitterte. Strömende Wasser hüllten ihn ein. Und dann spürte er einen schmerzlosen, dumpfen Schlag gegen Brust und Kopf und sah nur noch, wie Gudrun, einer auferstehenden Fee gleich, den leuchtenden Sternen am Himmel entgegenfuhr. Dann wurde es dunkel um ihn.

Nach zwölf Stunden Todesangst der ganzen Besatzung war die „Anne“ weitergezogen, als ob sie die Lust an diesem widerspenstigen Schiff verloren hatte. Die „SCHWARZENBEK“ schwamm noch immer oben, hatte gesiegt! An Deck und auf der Brücke war fast nichts heil geblieben. Einer der letzten Brecher hatte die Fensterreihe der Brücke eingeschlagen. Die Rudergänger und Hansi Langhorst waren durch splitterndes Glas leicht verletzt worden, konnten sich aber nach zwei Tagen schon an den Aufräumungs- und Reparaturarbeiten beteiligen.

An Weihnachten hatte keiner mehr gedacht. Auch Hansi nicht, bis der Käpten - kurz bevor die „SCHWARZENBEK“ in Maracaibo einlief - vor der versammelten Mannschaft eine Ansprache hielt. Er bedankte sich für Mut, Einsatz und Aufopferung jedes Einzelnen in der schweren Seenot, die sie gemeinsam hatten durchstehen müssen. „Offiziere und Decksleute, ich habe manchen Segler um das Kap Hoorn navigiert. Dabei habe ich aufrichtige und tapfere Fahrensmänner erlebt. Sie aber sind über sich hinausgewachsen. Was Sie geleistet haben, war menschlich ganz und gar unmöglich. Es war ein Wunder. Ein Wunder, wie es sonst nur im Märchen vorkommt. Ich für meinen Teil gehe davon aus, daß die Tatsache, daß wir alle noch leben, ein Geschenk der Heiligen Weihnacht ist. Ein Seemann,

der sich nicht auf Gott verläßt, wird letztlich verlassen sein.
Ich danke Ihnen allen und Gott! Wer mag, kann mit mir beten:
„Vater unser im Himmel, geheiligt werde dein Name, dein Reich komme."

Hansi kalfaterte eines der neuen Stags. Ihn umgab dabei der aufgeregte Lärm des südamerikanischen Hafens Maracaibo. Er war aber schon einmal hier gewesen. Deshalb nahm er all die bunten, lebendigen Bilder mit den hin- und herhastenden indianischen Menschen nicht mehr so erstaunt auf. Seine Gedanken waren wieder einmal bei Gudrun, als mit schweren Schritten sein Freund Vierecke herbeieilte und freudig die angekommene Post schwenkte.
„Du hast Post, Hansi! Sogar zwei, eine Karte und einen Brief!"
„Oh, gib her!"
Der junge Matrose sah schon an der Schrift (Gudrun hatte in der Schule an seiner Seite gesessen), daß die bunte Karte von Gudrun starnmen mußte. Der Brief war von seinen Eltern. Vater schrieb regelmäßig und gab stets ausführlichen Bericht über alles, was Zuhause inzwischen geschehen war. Nie hatte ihm jemand außer seinen Eltern ins Ausland geschrieben. Seine Hand zitterte. Er wagte kaum, sich die Karte vor die Augen zu halten und zu lesen. Hansi war fassungslos.

„Mensch, warum liest du denn nicht? Ist dir nicht gut, Hansi?“
„Doch, doch schon, aber ich mag es nicht glauben, daß Gudrun mir geschrieben hat.“
„Dann lies doch endlich, Mensch! ...Und beruhige dich, wir wollen doch noch in JUANS TAVERNE und ein paar Mädchen aufreißen...“
Hansi hörte gar nicht richtig hin. Endlich gab er sich einen Ruck und las stockend, aber vernehmlich:
„Lieber Hansi, zum Weihnachtsfest fern von Zuhause wünsche ich Dir alles Gute. Du wunderst Dich sicher, daß ich Dir schreibe, aber ich muß Dir doch endlich einmal sagen, daß ich Dich liebe und auf Dich warte, wenn Du willst. Mit Heinrich Kappmeier in Steinhude wollte ich Dich nur provozieren. Du hast leider nichts begriffen. Mir tut mein Verhalten leid. Vergib mir! Ich hoffe, Du kommst bald zurück und ohne Umwege in meine Arme. Deine Dich unendlich liebende Gudrun.“
Hansi traten Tränen in die Augen, aber er schämte sich ihrer nicht.
„Jetzt, Vierecke, ist es sicher!“
„Was, Hansi?“
„Es gibt einen Gott, und deshalb können Märchen wirklich wahr werden! ...Und in JUANS TAVERNE müßt ihr ohne mich gehen!“

Das Geheimnis hinter den Dingen des Lebens und ein Weihnachtsengel aus der Zigarettenschachtel

Die Dinge des Lebens . . .

Werner hatte Flötentörn, das heißt, daß er mindestens acht Stunden nicht arbeiten und auch keine Wache schieben mußte. Normalerweise hätte er jetzt schlafen sollen. Aber es war ihm wohl zu hell. Vielleicht wollte er das Festmachen in Vatnasvik nicht versäumen. Es war ja seine erste Reise als Schiffsjunge. Von Hamburg nach Island, rund um die große Insel herum und zum Schluß nach Reykjavik. Überall in kleinen Häfen sollte Trockenfisch geladen und dann nach Porto in Portugal gebracht werden. Werner war viel zu aufgeregt, um zu schlafen. Zum erstenmal in einem fremden Land! Immer wieder spähte er durch das Bulley auf die dunkle Silhouette, die sich als gezacktes Band auf den Horizont gelagert hatte.

„Das ist Island! Ich werde gleich in einem fremden fernen Land sein!" Er hatte Mühe, seine ungewollte Fassungslosigkeit zu überwinden und zu glauben, daß er - wenn auch nur Moses (Schiffsjunge) nunmehr ein richtiger Seemann war, daran hatte er nämlich bereits gezweifelt. Zwar hatte er sich auf der Strecke von Hamburg bis Cuxhaven schon den breitbeinigen Seemannsgang angewöhnt, ihn sogar heimlich auf dem Achterdeck geübt, aber als der Lotse eben von Bord gegangen war, hatte ihn die Seekrankheit bereits voll im Griff. Ihm war so speiübel geworden, daß er nur noch nach Hause wollte. Alle paar Minuten mußte er an die Reling stürzen und sich

übergeben. Und es wurde immer schlimmer. Noch nie in seinem Leben hatte er sich so schlecht gefühlt. Als er den Bootsmann bat, er möge den Kapitän zur Umkehr bewegen, der aber schallend lachte und meinte, nur wer die Fische ordentlich füttert, kann auch ein richtiger Seemann werden, hatte Werner allein den einen Wunsch, sterben zu können. Aber er war nicht gestorben. Zwei Tage lang hatten der Bootsmann und die Decksleute ihn in Ruhe und in seinem Schicksal gelassen, aber dann baute sich der Bootsmann, ein mächtiger blonder Hüne, vor ihm auf und drohte, ihn erschlagen zu wollen, wenn er sich nicht innerhalb der nächsten Stunde bei den Matrosen unter dem Vordeck zur Arbeit melden würde. Dabei fuchtelte er mit geballter Faust vor Werners Nase herum, daß diesem angst und bange wurde. Jedenfalls war er in wenigen Minuten genesen. Und wenn das Schiff noch so sehr schlingerte und stampfte, es machte ihm nichts mehr aus und die Decksleute führten ihn mit Geduld in das seemännische Handwerk ein. Er dankte es ihnen durch außerordentliche Wißbegier.
Natürlich wurde er - wie alle Anfänger - einige Male gefoppt. Einmal sollte er die Noten für das Nebelhorn auf die Brücke bringen. Bei dieser Gelegenheit lernte er das Schiff erst richtig kennen. Man schickte ihn tief hinunter in den Maschinenraum, von dort bis an das Ende des Wellentunnels und dann wieder unter das Vordeck bis in

die Dunkelheit des Kabelgatts. Endlich gab ihm der Steuermann ein graues Stück Pappe. Damit mußte er durch einen Mannlochdeckel in einen finsteren Ballasttank hinabsteigen. Dort müsse er das Papier aber direkt über den Saugflansch halten. Denn nur so würden die Noten auf der Pappe wieder sichtbar werden. Daß er dabei bis an die Hüften im eiskalten Wasser versinken würde, hatte ihm vorher niemand gesagt. Aber alle haben gelacht, als er zitternd vor Kälte und über die Maßen verzweifelt mit der durchgeweichten Pappe vor der Brücke stand. Nein, mitlachen konnte er noch nicht. Nie wieder würde jemand mit ihm solchen Schabernack treiben. Das jedenfalls nahm er sich noch fest vor, bevor er eingeschlafen war. Und er hatte wirklich tief geschlafen, denn auch das hatte den Decksleuten Spaß gemacht: Ihm einen heißen Grog einzutrichtern, der zwar viel Rum, aber nur wenig Wasser enthalten hatte.

Inzwischen hatte er alles verziehen und identifizierte sich täglich mehr mit der Vorstellung bald ein richtiger Fahrensmann geworden zu sein. In der Ferne hatte er Schottland liegen gesehen und an den Faröer Inseln waren sie so dicht unter Land gefahren, daß er glaubte, die tief verschneiten Dörfer in den Buchten fast mit den Händen greifen zu können. Und bald würde er seine Füße auf den Boden Islands setzen! Ihm war der Gedanke daran ebenso ungeheuerlich,

als würde er als erster Mensch den Mond betreten. Vielleicht lag das unter anderem auch an der Tatsache, daß sein jungfräulicher Landgang als Seemann auf den vierundzwanzigsten Dezember fallen würde. „Heute abend", ging es ihm durch den Sinn, „werde ich weit weg von zu Haus, den Eltern und Geschwistern, den Heiligen Abend in einem isländischen Hafen feiern!" Ihn bewegte das sehr. Er war gespannt, wie das wohl sein würde. Der Bootsmann hatte ihn beauftragt, den kleinen Weihnachtsbaum aufzustellen, mit Kerzen zu schmücken und in der Mannschaftspantry auf dem Sideboard zu befestigen. Aber jedesmal, wenn er die Pantry durchquerte und den Baum sah, fand er keinen Gefallen daran. Es fehlte etwas Wichtiges. Und endlich wußte er auch, warum das Bäumchen so mickerig aussah. Ihm fehlte eine weihnachtliche Spitze! Überall in der Mannschaftspantry lagen leere und angebrochene Zigarettenschachteln herum. Werner entnahm ihnen das Silberpapier und glättete es sorgfältig, indem er die Stücke einzeln über die runde Tischkante zog. Einige verwandelte er mit einer Schere in Lametta, aber die besonders Glänzenden faltete er zu einem richtigen Weihnachtsengel. Vom Maschinisten besorgte er sich Werg, so daß der kleine Engel sogar über

- wenn auch grobe wallende Haare verfügte. Und endlich stülpte Werner die Figur mit viel Hingabe über die nackte grüne Spitze des Tannenbaums. Ja, jetzt war aus dem tristen grünen Ding ein unverwechselbarer Weihnachtsbaum geworden!

Die Drehzahl der Maschine wurde merklich runtergefahren. Die Vibration veränderte sich spürbar und das Schlingern hatte ganz aufgehört. Nichts hielt Werner jetzt noch hier unten. Erst zog er sich seinen dicken Norweger über den Kopf und dann den Südwester drüber. Die Ohren schützte eine Pudelmütze gegen die winterliche Kälte. Dann stürzte er die steilen Treppen bis auf das Achterdeck hoch und bewunderte die hohen baumlosen, aber schneebedeckten Hügel zu beiden Seiten der sich immer mehr verengenden Bucht, in die sie mit erheblich gedrosselter Geschwindigkeit einfuhren. Aber die Bucht war immer noch sehr breit, so daß er sich samt der Jan Keiken winzig klein und unwichtig vorkam. Wie ruhig es geworden war. Hatte es doch vor einer halben Stunde noch kräftig gestürmt. Jetzt wehte zwar eine unangenehm kalte Brise, aber große Wellen konnte

sie hier nicht bilden. Die Oberfläche des graugrünen Wassers glich eher einem alten Waschbrett. Außerdem wehte es von Land her, so daß die weißen schroffen Berge dem Wind die Wucht nahmen. Werner trank die Landschaft in sich hinein wie ein Dürstender. Noch nie hatte er - außer auf Bildern natürlich - eine so gewaltige Kulisse um sich her gesehen. Er kam sich vor, als dringe er widerrechtlich in eine verschwiegene unbekannte Einsamkeit vor, in der das Geheimnis der Heiligen Nacht von unsichtbaren Elfen vor zerstörendem Zugriff bewahrt werden sollte. Wasser und Wind, Ufer und Fels, Sonne und Schnee, alles wirkte unter dem kalten blauen Himmel so unsagbar unberührt.
Doch jäh wurde er aus seinen Gedanken gerissen. Der Bootsmann eilte vorbei und rief ihm zu:
„...Wenn du ohnehin nicht ruhst, kanns bien Fastmoken tokieken. Aber paß op, dat du nich in'n Kinken trittst! Inne halbe Stün is dat wol sowiet.“
Das war Werner gleich aufgefallen, daß der Bootsmann, der übrigens Siegwart Heringfänger hieß, stets Hochdeutsch zu sprechen begann, aber beim zweiten Satz grundsätzlich ins Plattdeutsche fiel. Sonst gefiel ihm sein Lehrmeister. Was er freilich von einem der Matrosen, dem Reginald Maus aus dem Osnabrückschen, nicht gerade behaupten konnte. Erst hat der rumgemotzt, weil er nicht mit seinem

Nachnamen Maus angesprochen werden wollte. Wie er angeredet werden wollte, hat er aber für sich behalten. Die meisten riefen ihn Redjie. Und Werner wußte noch nicht, ob er sich ihnen anschließen durfte, denn Reginald Maus war unberechenbar und drosch auch schon mal auf andere los. Stark war er bestimmt. Seine breite Nase verriet, daß ihm der Boxsport nicht unbekannt sein konnte. Unangenehm war vor allem, daß er mit dem Matrosen Redjie in einer Kajüte leben mußte. Denn nach der Decksarbeit betrank sich der Mann grundsätzlich und dann war erst recht kein gut Kirschenessen mehr mit ihm. Aber Bootsmann Heringfänger hatte Werner gestern schon zugesagt, daß er bald eine andere Koje zugewiesen bekommen würde. Außerdem hatte der Bootsmann den brutalen Matrosen auch schon einmal zurechtgewiesen, weil der immer wieder versuchte, den schmächtigen vierzehnjährigen Moses mit anzüglichen Redensarten zu provozieren.

Aber in diesem erhebenden Augenblick hatte er den rauhbeinigen Reginald Maus aus Osnabrück vergessen. Jetzt war er Seemann - ohne Angst vor irgend jemandem oder vor irgend etwas. Die graue Hafenmole rückte näher und die Einfahrt wurde durch die beiden kleinen rotweißen Leuchttürmchen auf den Molenköpfen erkennbar. Langsam glitt die „Jan Keiken“ zwischen ihnen hindurch. Den Ort

hinter der Mole, die das Ende der natürlichen Bucht vom offenen Meer trennte, den Ort Vatnasvik, suchte Werner vergeblich. Nur da, wo das Molenende mit dem Festland verschmolz, standen zwei niedrige Wellblechschuppen. Davor parkte ein uralter Traktor. Das war alles. Auf der Molenstraße warteten drei tonnenschwere Stapel mit in Jutesäcke eingenähtem Trockenfisch und ein zerbeulter rostiger Jeep. Das Anlegen des Schiffes an der Innenseite der trutzigen Hafenmole, bereitete keine Schwierigkeiten. In der Mitte des Hafenbeckens drehte das Schiff um seine Hochachse und zog sich von Achtern an die Anlegestelle. Die Seemänner beherrschten ihren Job: Zuerst die Spring über den Poller. Seichte Fahrt rückwärts und schon lag das graue Schiff samt seinen weißen Aufbauten und dem roten Schornstein parallel zur Mole. Vorderleine fest, Fender über den Schandeckel hängen, Achterleine anziehen und zwei weitere Herkulesdrähte über die Poller strammzerren und an Bord in Achterschlaufen über die Doppelpoller festlegen, war eine Angelegenheit von Minuten.
Als die Gangway den tiefen Spalt zwischen Kai und Schiff überbrückt hatte, stiegen zwei Männer aus dem Jeep und enterten mit schnellen Schritten das Schiff. Der Kapitän ging ihnen entgegen, wechselte ein paar Begrüßungsworte mit den Gästen (wahrscheinlich Agenten des Reeders) und zog sie mit sich in die großzügige Kapitänskajüte.

Doch jetzt kehrte durchaus noch keine Ruhe an Deck ein. Die Decksleute öffneten ein Teil der Ladeluken, warfen eine Winsch (Motorwinde) an und lösten einen der Ladebäume aus der Befestigung. Der Motor der Winsch lärmte wie ein rollender Panzer und hob den Ladebaum in die Höhe. Ehe Werner all das, was da vor seinen staunenden Augen geschah, richtig begriffen hatte, schwang bereits einer der Trockfischstapel über die Reling und tauchte in den tiefen Bauch der „Jan Keiken" ein. Die beiden anderen, fertig gebündelten, Jutesäcke waren ebenfalls im Nu verladen und die Luke mit den schweren Holzbohlen und einer Persenning schnell wieder zugedeckt. Nachdem auch der Ladebaum in seine Halterung zurückgekehrt und die Winsch abgedeckt war, brüllte Bootsmann Siegwart Heringfänger über das Deck: „Feieraabeend, Klock söß is Wiehnachten!"

Der Smutje hatte sich besonders viel Mühe gegeben: Zum weihnachtlichen Abendessen gab es Rinder- und Schweinebraten in delikaten Saucen, dazu Rotkohl und gebackene Kartoffeln. Alle langten kräftig zu. Der Steward mußte mehrmals aus der Kombüse Nachschub herbeischaffen. Natürlich wurde dem Bier ebenso wenig zurückhaltend zugesprochen wie dem bittergrünen Schaumburger Landwein.
Das war freilich kein Wein, sondern ein ekelhaft schmeckender

Kräuterschnaps. Das fand Werner jedenfalls. Und er hatte sich fest vorgenommen, nie wieder davon zu trinken. Auch wenn Matrose Redjie ihn unablässig mit der Behauptung nötigte, daß der Schaumburger Landwein eigentlich eine Medizin sei, die alle Krankheiten therapieren könne und sowohl bei innerer als auch bei äußerer Anwendung helfen würde.

Nachdem der Tisch abgeräumt und man es sich vor dem kleinen Tannenbaum gemütlich gemacht hatte, erschien der Kapitän zusammen mit dem „Ersten“ in der Mannschaftspantry, hielt eine kurze Ansprache, übermittelte weihnachtliche Grüße von der Reederei und überreichte jedem der Decksleute einen Umschlag mit dem ausdrücklichen Hinweis, daß es sich um eine Sonderzuwendung zu Weihnachten handele, auf die selbstverständlich kein Rechtsanspruch bestehe. Dann betonte er, daß bis auf die eingeteilte Wache alle feiern dürften, solange sie Lust hätten, erst morgen werde Klarschiff gemacht und ausgelaufen werden. Die Decksleute nickten zustimmend und klatschten mäßig Beifall, während Kapitän und 'Erster' unter dem mageren Applaus der Mannschaftspantry den Rücken kehrten.

Werner wußte nicht recht, was er von all dem zu halten habe. Er setzte sich neben den Bootsmann, der sich in die Ecke der den Tisch umrundenden Bank verkrochen hatte und an einer Bierflasche

nuckelte. Irgendwann zog einer eine Mundharmonika aus der Tasche und spielte - mehr schlecht als gut - ein paar bekannte Weihnachtslieder. Als „Leise rieselt der Schnee“ drankam, sangen ein paar Decksleute schüchtern, aber krächzend mit. Doch leider beherrschten sie durchweg nur die erste Strophe auswendig, so daß es gar nicht zum gemeinsamen Weihnachtssingen kommen konnte, wie Werner das von Zuhause in Erinnerung hatte. Das weitere Repertoire - es reichte von alten Shantys über die wunderschöne Lüneburger Heide und den altbekannten Westerwald - war auch bald abgespielt und abgesungen. Etwas aufgeräumter geriet die Stimmung der Decksleute, als einer der Leichtmatrosen bayerische Witze zum Besten gab und der Alkoholspiegel allgemein den dramatischen Höhepunkt erklommen hatte.
Reginald Maus, der Maat, stellte als erster fest, daß dieses Weihnachten ein Scheißfest sei. Wenn er zu sagen hätte, wären sie längst wieder ausgelaufen. In dieser Einöde Islands gebe es ja nicht einmal ein Freudenhaus. Wären sie jetzt wenigstens in Reykjavik, ja dann... dann würde er ein tolles Weibsbild an Bord holen und eine Riesenfete inszenieren, in deren Verlauf dann auch der kleine Moses Werner, natürlich auf dem Pantrytisch, in das Leben - wie er es nannte - hätte eingeführt werden können. Er lachte grölend auf und riß die anderen mit. Alle wieherten vor Vergnügen bei der

Vorstellung, die Redjie ihnen mit seiner unanständigen Vision vorgegeben hatte - sogar der Bootsmann.
„Huch," fetzte einer in den Raum, bis jetzt weiß er nur wie man Engel aus Zigarettenpapier bastelt, dann lernt er endlich, was Engel mit kleinen Schiffsjungen machen, hi, hi."
Matrose Reginald - tief gebeugt über einen leeren Bierkasten - stellte plötzlich fest: „Mensch Leute, das Bier ist alle! Wer schmeißt die nächste Runde? - Oh, Leute, wir machen ein Spiel... Hört zu! Wir spucken die Kerzen an Werners Tannenbaum aus. Zwei Meter Entfernung, nicht näher. Fünf Versuche für eine Kerze. Wer die meisten Versuche hat, gibt einen aus. OK?"
Soweit Werner es übersehen konnte, stimmten - bis auf Bootsmann Siegwart und ihn selbst - alle zu. Redjie nahm eine Bordleiste vom Tisch, legte sie auf den Boden und bestimmte damit die Ausgangsposition für den Wettkampf.
Werner überkam eine melancholisch schwere Traurigkeit. Er wußte nicht warum und sah den Bootsmann hilfesuchend an. Der hob aber nur gelangweilt die Schultern, winkte ab und meinte:
„Da können wir nun nichts mehr dran ändern. De sünd veel to besopen. Lot man! Denn is Wiehnachten eben vorbi."
Werner erhob sich erregt, um Redjie zu bitten, auf diesen Wettkampf zu verzichten. Der jedoch blickte ihn wütend an und schlug ihm die

Faust so kraftvoll gegen die Brust, daß er fast hingestürzt wäre, hätte nicht einer der Leichtmatrosen hinter seinem Rücken gestanden. Verächtlich zischte er durch seine ungepflegten Mäusezähne (Die sahen wirklich so aus!):
„Mach dich vom Hocker, Blödmann!"
Und dann vollzog sich, was nicht aufzuhalten war. Der Reihe nach drängelten die Lords sich in die Spuckposition, zogen tief durch und rotzten mit der ganzen Kraft ihres Mundes und der Zunge gegen den Weihnachtsbaum, an dem immer noch alle aufgesteckten Kerzen brannten. In der ersten Runde hatte nur der zweite Maat einmal eine Flamme getroffen, sie jedoch nicht löschen können.

Unbemerkt von den angetrunkenen Decksleuten hatte das Schiff angefangen merkwürdig zu stoßen und zu schlingern. Da ihre Standfestigkeit ohnehin längst instabil war, wirkte sich das zusätzlich negativ auf die Zielgenauigkeit aus, so daß in wenigen Minuten Rotz und Schnodder in den Zweigen des zierlichen Bäumchens schmadderte.

Werner wurde das Spiel zunehmend unerträglich. Er hatte das Gefühl, daß ihm bald ebenso übel werden würde wie vor Tagen, als er die fürchterliche Seekrankheit zu überstehen hatte. Aber auch Zorn und Wut regte sich langsam in seiner Brust. „Warum macht ihr so etwas?“ schrie er ungehört in die Pantry. „Säue seid ihr, nichts weiter !“

Dann konnte er nicht mehr an sich halten, hatte sich auch nicht mehr unter Kontrolle. Wie ein Raubtier stürzte er sich auf die vor Lust gröhlende Meute und schlug wahllos um sich. Doch da stolperte böse schnaubend Redjie auf ihn zu, packte ihn am Hosenlatz, hob ihn hoch wie ein Leichtgewicht und schleuderte ihn in die Arme der aufgebrachten Decksleute.

„Haltet ihn fest und hierher mit dem kleinen Spielverderber. Der hat nur Angst um seinen Engel da oben. Wir wollen ihm doch mal zeigen, wie richtige Männer mit den lieben Engelein umgehen. Ha, ha, seht her...“

Dann richtete er sich so hoch auf, daß sein Kopf Baum und Engel um mehrere Zentimeter überragte. Über sein ohnehin nicht gerade vertrauenerweckendes Gesicht zog ein zynisches Grinsen und seine trüben mausgrauen Augen schienen blutunterlaufen. Wie ein Schausteller auf dem Jahrmarkt, der seinen potentiellen Kunden die mächtige Kraft seiner Arme am Hau den Lukas unter Beweis stellen

will, krempelte er die Hemdsärmel hoch und ließ die Armmuskeln bis zum Bizeps hinauf vor den gespannten Augen der Wettkämpfer spielen und meinte höhnisch: „So, nun wollen wir dir mal zeigen, wie'n Seemann mit einem Engelein umgeht. Er zerquetscht sie wie eine Kröte in der Hand. Genauso werde ich dich gleich zerdrücken, du lächerlicher Stinkstiefel! Sie her!“

Er wandte sich aufregend langsam dem Weihnachtsbaum zu, streckte ebenso demonstrativ gemächlich seinen mit einem nackten Mädchen und einer Schlange tätowierten Arm dem Engel auf der Spitze des Baumes entgegen und spreizte die Finger, um die himmlische Figur zu packen. Doch im Augenblick der Berührung zuckte er zurück und schrie qualvoll auf, als habe er einen Saraph mit bloßen Händen angefaßt. Vor Schmerzen begann er zu tanzen und zu hüpfen wie eine waidwunde Wildsau. Dabei fluchte und verwünschte er den Himmel samt alle darin wohnenden Engel in die tiefste Hölle. Ein Decksmann hatte eilig ein nasses Tuch geholt und versuchte damit die Pein Redjies zu lindern. Aber es dauerte lange bis der sich einigermaßen beruhigt hatte. Reginald Maus schimpfte weiter auf Gott und das

Weihnachtsfest bis endlich der Bootsmann eingriff und ihn zornig unterbrach:
„Redjie, jetzt reichts aber, du versündigs di gegen God und all de jungen Lüd, de dat hör'n möt. Nu wies mi mol den Arm her!"
Redjie streckte Bootsmann Siegwart seinen Arm hin und wickelte das Tuch wieder ab, so daß alle sehen konnten, was den jaulenden Matrosen soviel Schmerzen bereitete: Er hatte tatsächlich im Handballen und am Unterarm eine gräßlich rotglühende Brandwunde, die bereits begonnen hatte, Blasen zu schlagen.

In der Aufregung des Geschehens hatte noch niemand bemerkt, daß mit dem Schiff irgend etwas nicht in Ordnung sein konnte. Es krängte, schlug und schlingerte, als ob es sich auf hoher See befände. Und da krächzte es auch schon aus dem Deckenlautsprecher:
„Alle Mann an Deck! Achtung, Achtung, alle Mann sofort an Deck!"
Wie durch einen Zauber war es plötzlich mucksmäuschenstill in der Pantry. Alle kuckten sich erschrocken an bis der Bootsmann das Schweigen brach und barsch befahl:
„Los, könnt ihr nicht hören? Rut an Deck! Dor boben is de Dübel los."
Alle stürzten auf einmal raus, wollten gleichzeitig durch die schmalen Türen oder die steilen Treppen hochstürmen. Ein heilloses Durcheinander von Stößen, Schreien und Fluchen war die Folge.

Bootsmann Heringfänger wandte sich, in der Tür stehend, noch einmal um und rief Werner zu:
„Du bleibst unten, Moses! Hol di stief!"
Darüber konnte der Schiffsjunge nun wirklich nicht glücklich sein, und als er allein in der Pantry saß, spürte er wie die nackte Angst von ihm Besitz ergreifen wollte. Das Krachen, Stoßen und Stöhnen des Schiffes, das er mehr fühlte, denn daß er es hörte, erhöhte die Frequenz seines Pulsschlages beträchtlich und steigerte seine Bangigkeit ins Unerträgliche. Da ging für Sekunden auch noch das Licht aus, während ein quietschendes Vibrieren durch die Pantry zog. Ihm gegenüber leuchtete es gespenstisch phosphorn auf, über seinem Kopf krachte es unheimlich und ein tiefes Dröhnen begleitete das plötzlich wieder aufflackernde Deckenlicht. Werner hatte das Gefühl, als umspüle ihn bereits die eiskalte Flut des atlantischen Meeres, um ihn in die Tiefe zu reißen. Da hielt es ihn nicht mehr in der Mannschaftspantry.

Wie ein Ertrinkender hangelte er sich aufwärts stolpernd an den durch Messingmuffen gezogenen Halteseilen der Treppe nach oben. Daß er nicht einmal Schutzkleidung gegen Kälte und Wasser übergezogen hatte, merkte er nicht. Auch nicht, daß ihn ein gewaltiger Brecher fast von den Beinen gerissen hätte, als er auf das Achterdeck

hinaustreten wollte. Mit klammen Händen hielt er sich an einem Lüftungsrohr, das er zufällig fassen konnte, fest.
Erst jetzt wurde ihm bewußt in welchem Inferno sich das Schiff und die Besatzung befand. Nie hatte er Bedrohlicheres und Schrecklicheres erlebt: Unter einem geisterhaft grausilbernen Himmel rasten blauschwarze Wolkenfetzen in Richtung auf die schemenhaft dunkle Gebirgskette zu, die die Bucht umrundete, um an ihr zu explodieren. Ein Orkan tobte dröhnend wie Salven aus hundert Kanonen vom Meer her über die steinerne Brustwehr der Mole hinweg und schaufelte viele Meter hohe Brecher wutschäumenden Wassers in hohem Bogen mit der Gewalt von Zyklopen auf die ächzende „Jan Keiken“.

Überall dröhnte, donnerte, explodierte es. Fässer, ja, Drahttrommeln flogen durch die Luft und knallten auf die Luken. Ein Ladebaum war aus seiner Halterung gesprungen, taumelte über die ganze Breite des Decks von Backbord nach Steuerbord und schlug alles, was sich entgegenstellte, kurz und klein. Irgendwo hörte Werner auch Menschen schreien und Befehle rufen. Er hangelte sich eine eiserne Leiter hoch und gelangte auf das Mittelschiff, aber ehe er sich orientieren konnte, packte ihn eine eiskalte Sturzflut und schleuderte ihn mit ungeheurer Wucht über das Teakholzdeck unter eines der Rettungsboote. Irgendwie hatte er plötzlich ein Seil in der Hand, an das er sich festkrallen konnte. Alles war so schnell geschehen, daß seine Wahrnehmunsgfähigkeit streikte. Aber dann bemerkte er doch, daß er nicht allein an der Leine hing. Wie er selbst, wurde auch ein anderer menschlicher Körper von der Macht und dem Grauen des Chaos hin- und hergeschleudert. Im Zucken eines Blitzes erkannte er den Matrosen Reginald Maus, der sich mühsam immer enger an ihn heranrobbte. Jetzt hörte Werner, daß Redjie wimmerte: „Ich will nicht sterben, ich will noch nicht sterben." Dann wurde er lauter und klagte fragend: „Was sollen wir denn tun, was denn ... ?"
Werner wußte es auch nicht. Aber seltsamerweise hatte er in dieser gefährlichen Situation seine Angst verloren. Mehr ärgerlich als ernst gemeint, antwortete er so laut er konnte und ohne jeden Respekt vor

dem Maat: „Mensch Redjie, versuchs doch mal mit Beten!"
Werner glaubte seinen Ohren nicht trauen zu können. Reginald Maus krächzte wehleidig in das Toben des Wetters hinein:
„Lieber, lieber lieber Gott im Himmel. Laß uns nicht sterben. Rette unser Leben, lieber, lieber Gott, so hilf uns doch." Er wiederholte sein Klagegebet noch viele Male, bis es, wie durch ein Wunder, tatsächlich ruhiger wurde. Zuerst hörte das Krängen des Schiffes auf, dann das Krachen der Brecher und endlich das Brausen des Orkans. Als ob eine göttliche Faust die Masten der Jan Keiken fest umschlossen hielt, so daß das Chaos seine Macht verloren hatte. Nur Tropfen und Triefen tat es überall noch.

Langsam löste Werner seine verkrampften Hände von dem Tau, das ihm zur Rettung geworden war und krabbelte auf allen Vieren aus dem Schutz des Rettungsbootes, unter das ihn die Sturzflut geschwemmt hatte, hervor. Redjie tat es ihm gleich. Im selben Moment mußten die Stromaggregate wieder angesprungen sein, denn die Decksbeleuchtung strahlte wieder auf. Beide standen sich klatschnaß und bibbernd vor Kälte gegenüber. Beide schwiegen, bis eine Vibration das Schiff durchlief und das vertraute Dröhnen der Schiffsdiesel sie aufhorchen ließ. Über das Gesicht Reginalds zog ein stilles ergebenes Lächeln.
„Er hat uns gerettet," flüsterte er, „also muß es einen Gott geben!"

Jetzt ging alles sehr schnell. Werner hörte den 'Ersten' Befehle rufen, den Bootsmann schimpfen und den Kapitän sagen:
„Der Wind hat glücklicherweise auf West gedreht (also von Land her). Das war unsere Rettung. Rufen sie alle verfügbaren Mannen zusammen, auch die aus Maschine und Kombüse, soweit sie abkömmlich sind. Jetzt muß aufgeräumt werden."
Der Orkan hatte die „Jan Keiken" vom Kai der Innenmole losgerissen. Aus irgendwelchen Gründen waren die Maschinen nicht angesprungen. Die Folge war, daß das Schiff herrenlos umhergetrieben und mit mancher Untiefe kollidiert war. Doch die Schäden konnten relativ schnell behoben werden. Das Auslaufen aus dem Hafen von Vatnasvik verzögerte sich nur um zwei Tage.

Die Havarie vom Heiligen Abend war in den nächsten Tagen bei jeder passenden und unpassenden Gelegenheit Gesprächsthema Eins. Fast jeder wußte sich zum Helden hochzustilisieren. Nur Werner dachte immer wieder darüber nach, ob es wirklich einen Gott gibt, der in die Kausalität des Weltgefüges eingreifen und Wunder geschehen lassen kann. Sicher, Matrose Reginald Maus hatte sich an einer Kerze des Weihnachtsbaums verbrannt. Wegen seiner Trunkenheit war er zu unachtsam gewesen. Und nachher hatte tatsächlich der Wind lediglich gedreht. Aus dem Seewind war in

Sekunden Landwind geworden und die schützenden Berge rund um die Bucht hatten nicht mehr zugelassen, daß der „Blanke Hans“ mit seinem tödlichen Spiel fortfahren konnte. Werner erinnerte sich solcher plötzlichen Drehungen des Windes noch aus früheren Spätsommertagen, Wenn er zusammen mit seinem Vater auf dem Vierländer Deich einen Drachen steigen ließ, passierte ganz oft dasselbe. Leider war sein Drachen meistens dabei abgestürzt. An diesem Heiligen Abend aber - hinter der Mole von Vatnasvik - war das ihre Rettung vor dem sicheren Tod gewesen. Was geschehen war, konnte also erklärt werden. Trotzdem glaubte Moses Werner hinter den Ereignissen ein Geheimnis erkannt zu haben, das Geheimnis hinter den Dingen des Lebens.
Irgend jemand mußte einen deutschsprachigen Sender im Radio gefunden haben. Jedenfalls hörte Werner eine rauchige Frauenstimme aus dem Pantrylautsprecher singen:
„Irgendwann wird noch einmal ein Wunder gescheh'n“